詩記那時風景

— 寫給故鄉的長短句

葉 日 松 著

文 史 哲 詩 叢
文史哲出版社印行

國家圖書館出版品預行編目資料

詩記那時風景：寫給故鄉的長短句 / 葉日松著
-- 初版 -- 臺北市：文史哲, 民 102.05
頁; 公分（文史哲詩叢；111）
ISBN 978-986-314-113-6（平裝）

851.486　　　　102009527

文史哲詩叢 111

詩記那時風景

— 寫給故鄉的長短句

著　　者：葉　日　松
出 版 者：文 史 哲 出 版 社
http:// www.lapen.com.tw
e-mail:lapen@ms74.hinet.net
登記證字號：行政院新聞局版臺業字五三三七號
發 行 人：彭　正　雄
發 行 所：文 史 哲 出 版 社
印 刷 者：文 史 哲 出 版 社
臺北市羅斯福路一段七十二巷四號
郵政劃撥帳號：一六一八〇一七五
電話886-2-23511028 · 傳真886-2-23965656

定價新臺幣二八〇元

中華民國一〇二年（2013）五月初版

ISBN 978-986-314-113-6　　09111

代序

一、

為故鄉寫故事
為田園寫俳句
為山水寫小令
為生活寫日記
為情愛寫心情

二、

所以……
一詩一主題　三行一世界
一詩一吟詠　三行一祝福

為身邊的人、事、物
為天地人間
留下綿長的記憶和牽掛

三、

因此……

讀者可以自由自在地，從本書中閱讀到我的水尾茶話，故鄉的短歌，自然山水的詠歎，松園遠眺、古蹟的抒懷，寺廟的禮讚，生活的筆記，以及多方的觀照和書寫。並從中品味那些濃濃的鄉土味，和淡淡唯美的浪漫。它既沒有裝腔作勢的韻腳，更沒有虛偽華麗的外衣。在我的作品中，讀者還可以隱隱約約地看到，一個農家子弟純樸的風格和認命的身影，在晚霞夕照中，徜徉於故鄉的田間小路，不斷地揮灑出生命的光彩。

二〇一三年二月十五日　於臺灣花蓮市寓所

詩記那時風景

——寫給故鄉的長短句

目 次

第二輯 《修行的六十石山》……六七

葉日松全家福合照於國立台灣文學館大門之前

葉日松和侄兒葉佳修合影於台北市木柵

葉日松（右起）和顏艾琳、六月、林惠美、石德華於台中縣某一國小

葉日松老師（左）和余光中教授話家常

上圖：葉日松老師和余秋雨教授
留影於花蓮市翰品酒店
左圖：葉日松老師和鄭愁予教授
合影於花蓮文化局

第一輯 《詩記那時風景》

1.《往事》

往事是一杯濃郁香醇的熱咖啡
在談笑間慢慢降溫
而後「杯」涼

二〇一一年七月廿六日　晨

2.《稻草鞋》

為稻草編織一個夢境
隨農夫的腳步
踩出一條生路

二〇一一年七月廿六日　下午

3.《落花情》

竹影掃不掉落花書寫的情詩
瀟灑的西風輕步走過
便帶走了滿袋的佳句

二〇一一年七月十八日

4.《露珠》

荷葉上的露珠
是生命圓融的句號
在晨風中滑動出另一種美的驚歎

二〇一一年八月十日 晨

5.《迷路的雁子》

夕陽的移情別戀
讓迷了路的一群雁子
在秀姑巒溪的沙洲上圍爐烤火

二〇一一年七月廿七日

6.《在山中修行的祥德寺》

古刹的晨昏
慈悲的木魚聲　千山應和
懸空的吊橋　在天地間把愛引渡

二〇一一年八月七日　晨

7.《懷第八酒廠》

往事是一瓶陳年的「紅露」　愈久愈香醇
今夜我和李白該往何處和往事乾杯
不知道講究時髦和創意的園區　有沒有第八酒廠的專賣櫃

二〇一一年七月十一日

8.《七星潭海灣》

山的弧度和海的曲線
重疊出交響的琴弦
請浪花輕輕彈唱一首美麗的情歌

二〇一一年七月十二日 下午

9.《忠烈祠的銅馬》

接下退休的旨令以後　便不再過問江湖了
將自己的傲氣熔鑄一匹冰冷的銅馬
在月光下輕輕吟唱千年的孤寂

二〇一一年七月廿八日　晨

10.《長虹橋》

天上的彩虹進駐了大港口以後
從此不再講究
紅橙黃綠藍靛紫的美學了

二〇一一年七月十日

11.《石梯坪》

層層的浪花衝上了美麗的海岸
把所有的詩句凝固成交錯有致的石梯
任歲月紋身

二〇一一年七月十日

12.《和南寺》

擁抱大海　親近天空
祢的禪學　是風雨中的寧靜
我恭讀　我膜拜

二〇一一年七月十日

13.《花蓮車站國父石雕像》

心懷博愛　身背「禮運大同篇」　在車站廣場面對國聯
一路推銷伴手禮　招攬觀光客　風雨無阻
宵衣旰食的超級義工　名叫「孫中山」

二〇一一年七月廿六日　傍晚

14.《蜜香紅茶》

圓潤的滋味是茶的哲學
從喉頭裡分泌出回甘的蜜香
在空氣中慢慢擴張開來

二〇一一年七月十八日

15.《瑞穗鮮奶》

從乳牛的懷裡
擠出滋養的奶水餵食嬰兒
將水尾的慈愛召告天下

二〇一一年七月八日

16.《北回歸線》

敏感的標誌
把人間的冷暖
劃分為二

二〇一一年七月八日

17.《溫泉鄉》

水的文化　湯的文化
溫泉鄉的吉他
嗆聲『加賀屋』

二〇一一年七月九日

18.《鼓王爭霸戰》

鼓聲撼動了遠方　旌旗吶喊
萬馬奔騰的疆場　風沙滾滾
年輕的鼓手　氣壯山河

二〇一一年七月九日

19.《茶山的夜晚》

老山歌帶走了山歌子
平板和小調也走了樣
沒有山歌的夜晚　燈火闌珊

二〇一一年七月九日

20.《瑞港公路》

即使再坎坷　蜿蜒　還是要一路扶持纏綿
山依戀水　水依戀山
患難的真情　在瑞港之間流洩詠歎

二〇一一年七月八日

21.《青蛙撈星》

青蛙在水池裡打撈星星
一失足便和月光一同栽進
童話的繪本裡

二〇一一年七月六日 於松園別館水池旁

22.《美崙溪上的竹筏》

慵懶的美崙溪在午后漫步
一葉竹筏也在淺淺的水面上
如夢划行

二〇一一年七月五日　於松園

23.《蟬聲》

收不回的蟬聲
留下餘韻
聲聲縈繞

二〇一一年七月五日 於松園

24.《詩的下午茶》

秋風一起
松林便邀了一群太平洋的浪花
上岸來煮一壺詩的下午茶

二〇一一年七月五日 於松園

25.《午夜的月光》

午夜的月光在松林間穿梭
聽完了中廣的晚安曲之後
總是安分地沿著溪流去找李白對酌

二〇一一年七月七日　於松園

26.《別館的歷史意義》

每一塊磚瓦
每一道印記
都亮出歷史的意義

二〇一一年七月七日　於松園別館

27.《尋找遺落的詩句》

尋尋覓覓的功課
每天都在這裡上演　而所有遺落的詩句
也都在優閒的踱步中找了回來

二〇一一年七月七日　於松園別館

28.《松園、夕陽》

斑駁的羽影
欲盡的斜陽
不斷地在編織歲月的年輪

二〇一一年七月六日 於松園別館

29.《故鄉的風》

故鄉的風　從山窩裡跑了出來
鼓動田裡的稻浪
提前預告收割的日期

二〇一一年六月廿六日

30.《筆》

翻土的犁是一枝筆
一陣陣的墨香
沁入農夫的心脾

二〇一一年六月廿五日

31.《荷花》

池塘裡的荷花　在風中飛翔
把美麗的寓言
轉化成一季的清涼

二〇一一年六月廿五日

32.《布穀鳥》

布穀鳥的歌譜　列印在綠色的山野
美妙的合唱　總是把主題設定在
春天的播種

二〇一一年六月廿五日

33.《夕陽、晚霞》

夕陽的笑容　從窗外爬了進來
卻將美麗的衣裳當作一幅海報
在天邊掛了起來

二〇一一年六月廿七日

34.《深秋的芒花》

縱谷的深秋 芒花飛絮
黃昏的雁陣 在秀姑巒溪的上空
細心地賞讀它的絕妙

二〇一一年六月廿七日

35.《懷念油印刊物》

年少的詩篇　是由鐵筆和蠟紙催生的
而沾滿了油墨的字字句句
依舊在那裡醒著說故事

二〇一一年七月廿五日　上午

36.《花蓮市帝君廟》

三國的紛紛擾擾　已隨江水東流
您帶著叱吒風雲的大刀　戢影沙場落籍花蓮
景仰膜拜的香火日夜燃燒　映照您正氣凜然的歷史詩篇

二〇一一年七月廿四日　於帝君廟

37.《竹田義民亭速寫》

乾隆頒獎的「褒忠」在義民爺爺的紀念冊裡
散發出生命的光彩　放下身段後
深入民間的每一步履　都充滿了感性

二〇一一年七月廿四日　晨

38.《北埔天公廟》

天公的轄區遼闊蒼茫　所有的空間都由祂列管
無怪乎就近的《家樂福》和《機場》
都得朝朝暮暮　親臨朝拜

二〇一一年七月廿四日　晨

39.《花蓮三山國王廟》（護國宮）

卸下國王的頭銜　守護花蓮
不離不棄的情愛　編寫出動人的故事
報恩的香火　在晨昏的鐘鼓聲中　嬝嬝昇空

二〇一一年七月廿五日　下午

40.《詩寫五穀宮》

神農的關懷庇佑　細水長流
五穀豐收的喜悅掛滿每一户溫馨的農家
一洩千里的稻香　飛出千言萬語的感恩

二〇一一年七月廿五日　晚

41.《有一個地方名叫〈問雲〉》

有一個詩的名字出現在花蓮　在一個像仙境的山腰
除了雲之外　他有的　我們都有
究竟他的迷人在那裡　請你問雲　按圖索驥

二〇一一年七月廿四日　晨

42.《大禹街的告白》

火車走了以後　鐵道也搬家了
希望習慣了的干擾　重入夢境
夜夜應和大禹街上不眠的木屐聲

二○一一年七月廿一日 下午

43. 《太魯閣號》

台鐵推出的新名片　人手一張
從此署名《太魯閣號》的受寵者　便在北迴線上
每天陪著我們閱讀花蓮的山風海雨

二〇一一年七月廿二日　上午

44.《懷念師範三年》

花錢 吃飯 睡覺 三年
月光 濤聲 山丘 永遠
青春 夢境 駐足 花蓮

二〇一一年七月廿二日 晚

45.《月下獨坐》

一茶一座　一茶一人生
一輪明月　兩袖清風
寧靜的心湖　船過水無痕

二〇一一年七月廿三日　晨

46.《客家紅粄》

紅粄上面一隻烏龜背著甲骨文
走遍大街小巷　造訪平民　豪門
美食的文化　也作深度的旅遊

二〇一一年八月二日

47.《粽子、五月節》

五月五的粽子　敲醒了沉睡的龍舟
而搖旗吶喊的 PK 賽
讓主審的屈原　左右為難

二〇一一年八月三日

48.《慕谷慕魚道場》

到慕谷慕魚的修行者　必須修滿三個學分
《輕聲細語》《環保概論》《美食與健康》
心無雜念　而後進階

二〇一一年七月卅一日

49.《童年的甘蔗車》

童年的火車載著滿滿的甘蔗　到很遠很遠的遠方
再從很遠很遠的遠方　把糖載回來　我沒錢買糖
只好每天守候在鐵路兩旁　猛吸濃濃的蔗香

二〇一一年七月十二日

50.《上 101 有感》

101 邀我上 101　101 我上了 101
到了 101　我不知道還能不能
再上 101

二〇一二年（民一〇一年元月）

第二輯 《修行的六十石山》

1.《母愛》

母親一生的辛勞
都典藏在美麗的皺紋裡
隨愛爬行

二〇一一年八月廿八日

2.《歲月的存摺》

今天的日子　要用在今天
不能為明天預留分秒的時間
所以　歲月的存摺　永遠沒有餘額

二〇一一年八月十三日

3.《童年生活之一》

醃瓜　嫩薑　花生米
三餐地瓜飯
打赤腳上學去　穿內褲當旗手

二〇一一年七月廿五日

4.《登山健行》

不怕山路彎　不怕路途遙
登山健行的哲學　只有一個信念
『再轉一個彎就到了』

二〇一一年七月廿一日

5.《治瞌的良方》

故鄉的桃李　是治瞌的良方
初中三年
我從不接見周公

二〇一一年七月廿六日

6.《吉安速寫》

吉野和初英都回日本去了
知卡宣　楓林步道還在招攬觀光客
而勝安宮　慈惠堂卻忙於進香團的接待

二〇一一年八月廿四日

7.《光復糖廠》

又是一個白露過去了
我嚴重地罹患了憂鬱和低血糖
所以再也爬不出那高高的煙囪了

二〇〇八年五月十八日

8.《吉布蘭島》

中分秀姑巒溪
掌管出入境
所有航行的船隻都以長虹橋為界

二〇一一年七月卅日

9.《美崙山》

山是山　丘是丘　山加丘等於岳
山不山　丘不丘　不等於平原
特殊的身分　聲名大噪

二〇一一年七月卅一日

10.《月光下的烈士》

長眠美崙山的烈士　點燃月光補寫遺囑
要把所有的愛　化為滿天的星斗和萬家燈火
在每一個溫馨平安的夜晚　接受祝福

二〇一一年七月十日

11.《祖母的米篩目》

元荽加韮菜　蔥加七層塔
豆豉　豬油渣　和在一碗米篩目裡
述說祖母的招牌故事

二〇一一年八月二日

12.《老牛的真言》

我拉車　拉犂又拉耙　上山下田
一生忙碌像轉動的碌碡
認命負重　一心只為別人的溫飽

二〇一一年七月廿三日

13.《蓮霧的聯想》

夏至到立秋的三伏天
最需要你的風鈴分送清涼
讓千門萬户聆聽你美妙的音樂

二〇一一年七月廿三日 下午

14.《鳳林素描》

一百多位校長 幾十間舊菸樓
花生 剝皮辣椒 客家美食 輝映文物館
小鎮故事多 和樂融融唱山歌

二〇一一年七月十二日

15.《街景之一》

流動的車潮　在街心來回評量
爭寵的路樹和招牌
彼此揶揄對方的低俗

二〇一一年七月十四日

16.《美麗的奇美（山中明珠）》

天上遺落的明珠
在人間熠煜熒熒
稱職的秀姑　日夜守護

二〇一一年七月九日

17.《秀溪泛舟》

平原和峽谷　兩種風景
一條河流　兩種功課
航行的學分　必須專注

二〇一一年七月八日

18.《田園的迷宮》

水田加水田還是水田
類疊出千條萬條的阡陌
我的小木屋　走不出田園的迷宮

二〇一一年八月卅日　晚

19.《窗的風景明信片》

清風明月　晨曦彩霞　古剎炊煙　花海稻浪
春耕秋收　農夫身影　在窗的明信片裡
風景搭配小詩　在天地間典藏

二〇一一年八月二日

20. 《五月雪》

無雪的夏季
大地覆蓋了一層厚厚的白雪
所有的存疑　且聽五月桐花的解析

二〇一一年六月廿六日

21.《七星潭》

七顆星子掉落了潭底
淚水漲潮
成就了海的版圖

二〇一一年九月十六日 上午

22.《傍晚走在南濱海堤》

夕陽拉長了我的身影
投射到太平洋的東岸　把故鄉的詩句
鋪成一條步道　等妳歸來

二〇一一年九月十六日　下午

23.《漲潮一景》

被你擊碎的浪花
在疲憊的沙灘
找到了歸宿

二〇一一年九月廿日　於花蓮海邊

24.《文學的混聲合唱》

在文學的混聲合唱裡
童年　泥土　故鄉同台演出
所有的曲目　都在詮釋無怨無悔的愛

二〇一一年十月七日　於自宅

25.《捐血》

握緊拳頭　而後又慢慢地舒張開來
每一滴列隊的熱血　都在書寫一首愛的小詩
而不急不徐的節奏　也從感性的脈搏裡流洩出清醒的靈魂

二〇一一年十月七日　於花蓮市自宅

26.《家書》

一封家書寫在湖光山色的明信片上
請月光蓋上戳記
收到傳真的遊子　讀出一行一行的淚水

二〇一一年十月七日　於花蓮市自宅

27.《石雕創作》之一

把封口打開　就可以唱出一首動人的歌
而所有的枷鎖被搗碎以後
僵硬的肢體　便開始起舞

二〇一一年十月十日　於花蓮市文化局
石雕廣場

28.《石雕創作》之二

塵沙飛揚　灰頭土臉　我究竟是誰
一場左岸的及時雨
在我的臉上沖洗出一道彩虹

二〇一一年十月十日　於花蓮市文化局
石雕廣場

29.《鳥踏石》

設一個定點在這塊石頭上
眺望歲月的浪潮　諦聽船帆欹倚
人去之後　淒美的故事　留下些許的悵然隨風吟唱

二〇一一年十月十三日　下午於花蓮港口
鳥踏石觀光景點

30.《寫給月亮的簡訊》

昨夜　在我熟睡的時候　妳穿窗而入
一覺醒來後　我發覺
妳的睡袍還在我的床上　忘了帶走

二〇一一年十月十一日　晚（農曆十五日）
於花蓮市自宅二樓

31.《花田素描》之一

染畫的人走了以後留下作品
一群蝴蝶撞入了花海
走不出彩色的迷宮

二〇一〇年四月廿五日

32.《花田素描》之二

交錯纏綿　互訴心事
讓凝固了的詩句
化為咧嘴的花蕾　在風中搖曳

二〇一〇年四月廿五日

33.《花田素描》之三

你在花田裡照相
你的鏡頭卻成了我的鏡頭
你的快樂比不過我偷拍的刺激

二〇一〇年四月廿五日

34.《花田素描》之四

陶淵明邀來的文人雅士走了以後
另一群詩人拿著相機
在彩色的花田裡談論有關花的八卦

二〇一〇年四月廿六日

35.《竹筍之歌》

一身流著祖先的志節
向藍天宣誓　不服輸的精神
在歲寒中　成竹成才

二〇〇八年四月廿八日

36.《晚霞》

愛畫的夕陽　在下班回家之前
不經意地打翻了桌上所有的染料
卻意外地完成了一幅名作　題目叫《晚霞》

二〇〇八年五月二日

37.《童年素描》之一

恬靜的夜晚
月光在池塘的梳妝檯前照鏡打扮
而阿公阿婆的打鼾聲　則隨著故鄉的心跳打拍

二〇一〇年三月八日

38.《童年素描》之二

故鄉的火車路　載著我童年的夢境
去遠方流浪
至今尚未找到落腳歇睏的所在

二〇一〇年三月八日

39.《送女兒上台大》

妳終於將疲憊後的笑靨　投給那多情的醉月湖了
在湖畔你最好作一次美的沉思
把走過的歲月當橄欖咀嚼

一九八七年九月　於花蓮市自宅

40.《老榮民》

一臉迴旋著光榮的年輪
滿身紋上南征北討的雲和月
榆蔭下陪搖椅流眄年輕的歲月

二〇一一年十一月十一日　於花蓮榮民之家

41.《花崗山夜色》

等不到接班的路燈　一夜沉醉在千年的陳高裡
和不眠的海風一同看月色　為花崗山的夜晚
彩繪一幅　前不見古人　後不見來者的蒼茫

二〇一一年十一月十一日　於花蓮市花崗山

42.《我和泥土》

出世以後 我抓住了泥土不放
如今 泥土抓住我
彼此約定在遠行的時候 一起朗讀鄉愁

二〇一一年十一月十九日 晨於花蓮市自宅

43.《種詩的明信片》

我的心事　種在那張風景明信片上　發芽
只要用心朗讀　便能讓
迎風搖曳的花蕾　應和妳的舞姿

二〇一一年十一月十九日　晨於花蓮市自宅

44.《美崙四十年》

在美崙山坡上　收聽不到故鄉海嘯的傳言
看不到布穀鳥在縱谷田野上播種收割的風景
當然　鹹鹹的東北季風　永遠醃漬不了家鄉的長年菜

二〇一一年十一月廿日　於花蓮市自宅

45.《在六十石山的頂端遠眺》

你的視線　向北延伸　向南推展
故鄉在你歲歲年年的呵護下　打響富麗米的招牌
讓受惠的玉里和池上　同沾喜悅孺慕仰望

二〇一一年十一月廿一日　於故鄉六十石山

46.《修行的六十石山》

修行的日子
少不了一瓢秀姑的水　一碗在地的金針和米飯
韜光養晦的功課　是坐穩海岸　閱讀中央山脈

二〇一一年十一月廿一日　於六十石山

47.《白露冬至》

中秋未到
我的頭髮便頻頻翻閱白露
預約郵購冬至的湯圓

二〇一一年十一月廿二日

48.《盆景》

把宇宙縮小
營造大千世界
吟風弄月的古今

二〇一一年十一月廿二日　於自宅

49.《播種》

踩著歷史的腳步
從沉重的背包裡取出詩句
一路播種

二〇一一年十一月廿二日 於自宅

50.《不搭調的風景》

牛肉店的隔壁是服飾店　幼稚園的旁邊是養老院
老婆是博士　老公小學沒畢業　豪宅前面有一間鐵皮屋
一家四口　五種宗教　乞丐開名車　教授騎鐵馬

二〇一一年十一月廿二日　於自宅

51.《瀑布》

山的母親　捨命找到了愛的出口
將甜美的奶水
流洩成殉情的瀑布

二〇一一年十二月十七日　於羅山瀑布

52.《泥火山豆腐》

創意來自泥　來自火　來自山
來自濃濃的鄉土情味
它的乳名　依然是《豆腐》

二〇一一年十二月十七日　於羅山

53.《我在台北重慶南路》

書店林立的重慶南路，一路展示人類的臉書
所有的面孔都在凝視自己的所愛，一如擇偶
耗在書店的時光，我意外地比別人多讀了一冊《人生風景》

二〇一二年三月廿日 上午於台北市重慶南路一段

54.《獵書者的筆記》

所有的沈睡者都醒了，而後亮出名片
謙虛地推介自己的產品，讓光臨者對準焦距
按下快門後再把最完美的作品帶回家去

二〇一二年三月廿日 下午於台北市重慶南路某書店

55.《麟洛的夜晚》——夜宿麟洛

高高的檳榔樹搖落了夕陽以後
濃濃的暮色在麟洛的田野慢慢擴散流洩
久別的蛙聲，在月光下為詩人寫了一首浪漫的民歌

注釋：

1. 「麟洛」爲屏東縣的一個鄉鎮名。
2. 二〇一一年十一月十二日下午我在國立屏東教育大學爲客語薪傳師研習班授課後，當天晚上受徐慧玉小姐家人的招待，夜宿其雅緻的小木屋，并與鄉親十餘人品茶，看星星。

二〇一二年三月廿日　寫於新北巿永和區寓所

第三輯 《那天，我在台北沅陵街》

1.《清醒的靈魂，不朽的留言》

——獻給好友廖清雲

一、

用硬頸的雙手
雕刻藝術的紋路
讓生命的激情流淌成河
澎湃出海洋和島嶼

二、

排列成牆的傑作
是無言的詩句，不朽的印記
愛的航行　自故鄉啓程

引您進駐羅浮宮
和永恆拔河

三、

走過漫長精彩的悠悠歲月
您用刀　你用筆　你用快門
一再塑造一個超越時空的廖清雲
七十的驚艷，火光四射
繽紛的色彩，讚嘆的波瀾
拍響了花蓮的海岸

四、

因為您細密的心思和概念的光點
交集為動人的對話
而您的四部混聲

也自然地流洩出豐厚的意涵
把人間的美麗與哀愁
不斷延伸傳唱
讓藝術的歷史不被遺忘

五、

我深深地祝福您
清醒的靈魂　不朽的留言

二〇一二年四月　於臺灣花蓮市寓所二樓小書房

2.《那天，我在台北沅陵街》

那天中午　我和內人無意間穿過中山堂
闖入短短的那一條小街名叫沅陵
本來不到幾分鐘就可以走完的商品店
我們居然整整耗了大半天
她的功課繁多，且善於磨磳
有時會賓主易位，高談闊論
把商店當作課堂，當然也可能成為戰場
她的功課總是重修復重修
她的哲學也是行行復行行

無意介入的我，只好覓一處陰涼作短暫的歇睏

不久，急著下班的夕陽，在我的肩膀上輕輕地拍了幾下
提醒我現在已經是下午五點三十分了

二〇一二年年三月廿一日　下午於台北市沅陵街（中山堂旁）

3.《曙光橋》

鐵橋　木橋
重疊了歲月的腳印
將所有的典故和傳說
都編入花蓮人的記憶

悠長的歷史
沉重的負荷
一夜之間
全都隨著流水東去
曙光醒來後
橋的朗誦和浪花的吟唱
就這樣年輕了美麗的海岸

二〇一一年二月九日
二〇一一年五月　發表於文訊雜誌 307 期

4.《菁華橋》

一駐足
便是漫長的一個世紀
看過的春花秋月和少女輕盈的步履
竟一再反覆她的浪漫和溫柔
在記憶裡

只是人去橋空的星夜裡
我不斷地閱讀品味莫泊桑的
多愁與感傷

忘我之後　不再孤獨

我拎著信守的諾言
為坎坷曲折的美崙溪
找到了生命的渡口

二〇一一年年二月十日
二〇一一年五月　發表於文訊雜誌 307 期

5.《退休鐵道的告白》
——花蓮市街素描之一

夢裡
依稀的場景　依稀的功課
倒帶　放映
放映我穿街而過　吵醒了大禹街和中華路的過往
幾番讀熟了的廣告招牌
在風中不斷搖晃
而流動的火車（喔　那是纏綿又纏綿的幻影）
也一再述說溝仔尾的滄桑
倒是愛炒八卦的一群婦人
優閒地在這裡高談闊論　喝下午茶

唱日本的演歌　台語的望春風　雨夜花
她們的故事像連續劇
從大正　昭和開始　一直到民國一百
一集比一集精彩

一覺醒來後
人力車　三輪車　早已歇業了
而我辛苦了一輩子的點點滴滴
進不了博物館的
只好原路展示了

二〇一一年二月廿日　於花蓮市舊鐵道中華路段
二〇一一年四月　發表於「秋水詩刊」149期

6.《我在一家咖啡館》

走進三民區的一家館子裡
我點了一杯不加糖的熱咖啡
舉杯淺酌後
發現杯子裡居然散發出濃烈的家鄉味
老闆娘以熟悉的鄉音，問我客從何處來
花蓮的海陸腔竟然在南臺灣的打狗
也可以找到投緣的粉絲

二〇一二年三月廿日 寫於台北市

注解：

①三民區：指高雄市三民區。

②打狗：今之高雄。

③二〇一一年五月二十四日下午我在國立科工館南館爲高雄市客語薪傳師講課。離高之前多位鄉親請我喝下午茶，品咖啡。

7.《嘉南平原的黃昏》

我和夕陽
一同散步在嘉南平原
閱讀風的速度
評鑑高鐵的狂野

我一直拉著夕陽的衣袖
要他在草原上打滾
拒絕海的誘惑
和泰戈爾一起朗讀群星
不輕易就範的夕陽

就在彼此的拉扯之間
跌入濃濃的暮色中

二〇一一年十一月二日　於嘉義市赴高鐵車站之快速公路上

8.《在嘉南平原上看夕陽》

意外的場景　意外的入鏡
北上的高鐵列車
以 300 公里的時速
在嘉南平原上飆車
被擦撞的夕陽
飽滿的臉蛋　擠不出一滴眼淚
把所有的委曲
留給大海去裹傷撫慰

二〇一一年十一月二日　於嘉義市赴高鐵車站之快速公路上

9.《那年，我在竹仔坑》

沒有月光的晚上
我們暗夜行軍
走過一片叢林而後駐足第一公墓
年輕的腳步
在不經意中哼出鄉愁

第一次感覺中央山脈的高度
超出我的想像
家是如此地遙不可及
聽不到除夕過年的爆竹聲
嗅不到母親釀製的糯米酒香

有一次　拿起軍中的饅頭
還沒有嚥下第一口
我的淚水便翻滾流洩

註：民國45年春節，我在台中縣竹仔坑軍營中度過。是我平生第一次遠離家鄉。

10.《純純的思念》

那天早晨　九點三十四分
我坐高鐵南下
旅程的劇情　總是由浮動的驚喜
帶動窗外的風景　一路超速
我在窗內試著想像
久違的南台灣　究竟會是怎樣的天空

我一邊翻閱　一邊朗誦年少的詩篇
身旁的女孩　一路聆聽　一路品味
詩的情節
而後醞釀出感性的淚水

列車停格在嘉義車站的月台後
那位女孩手拿我簽名的一本詩選
輕步走出月台
我目送她頻頻回首的背影　將長長的秀髮
寫成一闋《純純的思念》

故事：二〇一一年五月廿一日　於臺灣高鐵列車上
寫作：二〇一一年六月六日　於花蓮市居宅
二〇一一年十月　發表於「文訊雜誌」312 期

11.《池上便當》

便當的餘味
擴散　蔓延
而後進駐人們的記憶和口碑

從原鄉的站啓程
一路細說魚蝦和米的故事
把採菱的歲月
寫成一首迷你的小詩
向遠方傳遞美食的訊息

受寵的名字

早已在芸芸眾生中註了冊
從此，池上的名字和招牌
在街頭巷尾
不脛而走
讓人眼花撩亂

二〇一二年六月廿日 於花蓮市

12.《想像池上大埤》

一、

乾脆將比例尺放大10倍或50倍
來塑造以前的妳
讓所有的過客可以清晰地
閱讀妳的風韻和嫵媚
讓雨中採蓮的少女和搖槳的少年
一一走入現代的數位相機
和我作親密的對話

二、

歲月在湜湜如鏡的湖上

種下密密麻麻的菱與荷
讓水草和游魚收藏一幅幅的
天光雲影，明月清風
那是，那是我童年的風景
早已被歲月摺成一疊泛黃的記憶
湖已不再是湖
大埤也從長調、中調壓縮成
迷你的小令
我們僅能從它的神韻節奏裡
揣摹品味

注釋：

①記憶中，六、七十年前的池上大埤，是池，是潭、也是很大很大的埤塘，可以視爲迷你的大湖。湖中有魚有蝦，有荷（蓮）有菱角，漁夫唱晚，輕舟採蓮，風光綺麗，美景如畫。

②大埤：客家語『大池塘』。亦有人使用「大陂」。至於正確名稱，請參照台東縣政府官方網站的地方縣誌。

二〇一二年六月十五日　於台東縣池上大坡村

山上鳥瞰池上平原時所作

13.《尋找渡頭的九岸溪》

帶著泥火山豆腐和金針一路行銷
將六十石山和羅山的名片貼成兩岸的風景
而後加入秀姑巒溪的行程尋找美好的渡頭

註：九岸溪位於富里鄉竹田村與羅山村之間。從海岸山脈的清坑向西流，經台九線與秀姑巒溪會合航向大港口。

二〇一二年六月廿三日 於富里鄉九岸溪畔

14.《將母親的淚水轉化成詩》

將母親的淚水轉化成詩
寫在每一片花瓣上
而後夾在精裝的本子裡
成為一冊即使梅雨季節
也不潮濕的珍藏
讓愛詩的人　翻閱成癡
每天有風陪伴　在桐花紛飛的五月天
吟唱感性的母親之愛

◎紀念母親逝世廿週年

二〇一三年四月廿日　寫於花蓮市寓所二樓書房

15.《那年初夏》

一、

記得那年初夏
妳和我　手牽手　肩並肩
行走在山中的那一條小路上
我撿起腳下一朵一朵的桐花
串成一條項鍊送給妳
妳拿起相機　面對天空
拍下紛紛飄落的花雨
隨手寫一篇蟬聲詠歎的好詩
那年初夏
我和妳　手牽手　肩並肩

在桐花鋪成的步道上
一路講心事，一路剪輯浪漫的劇情

二、

記得那年初夏
我和妳一同上山去看桐花
去為桐花創作一首歌
妳用雙腳踏出的節奏寫譜
我用心靈的感應來作詞
請風聲、水聲和鳥聲共同編出
《純純的戀情》
讓分分秒秒的時光
也讓彼此的默契和甜密
停格在山中　定情在山中
記得那年初夏……

註：這是一篇歌詞，可以譜曲吟唱。

二〇一三年四月十二日於花蓮市寓所二樓書房

第四輯　《寫給月亮的簡訊》

1.《思念長出許多愁》

我在這一端
妳在那一顆
夢裡登樓
向妳頻揮手
濃濃的思念
長出許多愁

我在海角　妳在天涯
驀然回首
徒留寂寞向晚霞
想妳　想妳千百度

難忘妳的秀髮

二〇一二年十二月廿八日　於花蓮海岸
二〇一三年三月　號文訊雜誌 329 期

2.《停電的夜晚》

我的舊疾又復發了
肩膀抽痛
徹夜難眠

坐在床頭等待你的簡訊
停電的夜晚
憂心的蠟燭暗自流淚

二〇一三年一月五日　晨於臺灣花蓮市自宅

3.《杜牧的邀請函》

昨夜
詭譎的冷鋒告訴我
揚州就要下雪了
杜牧也發出了邀請函
約您在二十四橋一起吟誦
瘦西湖的明月、雪景
聆聽那玉人的簫聲

二〇一三年一月八日 於揚州

4.《閱讀上田哲二》

寄不出簡訊的那些日子
我一直閱讀您的手稿：
《見送の切符》，《山と海の戀》……
也反覆默念您在我的名片上簽下的〈上田哲二〉
0910–984–709
您的身影，讓我百般凝視

注解：

①《見送の切符》：即華文的《月台票》是我的作品，由上田哲二先生譯。

②《山と海の戀》：即華文的《山海戀情》。此作已在二〇一二年由國立台灣文學館收入〈當代台灣現代詩外譯展〉，七、八月間在該館出。

③當時上田哲二尚未印製名片。後來的名片是印有慈濟大學東方語文學系教授的頭銜。

二〇一三年一月十日　於臺灣花蓮市

5.《海峽的月亮》

海峽的月亮　圓圓的月亮
載著遊子短短的簡訊
載著爸媽長長的思念
在兩岸之間來回旅行

海峽的月亮　彎彎的月亮
載不動沉重的鄉愁
載不完綿長的情愛
在兩岸之間來回奔波

二〇一三年一月一日 於臺灣花蓮自宅

6.《寫給月亮的簡訊》

昨夜　在我熟睡的時候
妳穿窗而入
一覺醒來後　我發覺
妳的睡袍還在我的床上　忘了帶走

二〇一一年十月十一日　晚（農曆十五日月圓之夜）

7.《那就是詩》

妳的簡訊在午夜傳來
說妳憑窗寫作，紀錄和燈影的對話
月亮說：那就是詩

二〇一三年一月六日 夜於臺灣花蓮市

8.《一冊夢的國土》

一冊夢的國土
溢出豐饒的情味
而山水田園古蹟蓮霧
在我的詩集裡演繹成
一部精彩的劇本
在竹田、麟洛、內埔、佳冬
在南方的天空底下
作常態的演出

註：謹以此詩，回傳給慧玉和儀錦、祝她們幸福快樂。

二〇一三年一月八—十日於屏東市，佳冬鄉等地參訪途中

9.《簡訊的航站》

用我的夢　妳的夢
築一座簡訊的航站
讓彼此的喜怒哀樂進駐
歲歲年年　妳讀我的詩　我唱妳的歌
把所有的記憶都儲存起來
永不抽離

二〇一三年一月十三日　下午於花東線
自強號列車上（窗外雨濛濛）

10.《只傳一半的簡訊》

對不起
昨天我傳給妳的簡訊
只傳了一半
詩不詩　文不文
現在我補上下半段
請妳幫我接起來
朗讀一遍後再傳回給我

二〇一三年一月九日　於臺灣屏東市

11.《傳送一幅畫給妳》

我坐在窗邊
一手握住彎彎的下弦月
放進我的相框裡
成為一幅畫傳送給妳

二〇一三年一月十七日 上午寫於花蓮市松園別館

12.《妳在我的簡訊裡找流行》

妳在我的夢裡舞蹈
妳在我的心裡讀情書
妳在我的廚房裡唱歌
妳在我的書櫃裡看古董
妳在我的畫冊裡挑色彩
妳在我的簡訊裡找流行

二〇一三年一月十七日　上午於花蓮市舒園別館

13.《溫柔的文字，燃燒出取暖的亮光》

今晚冷鋒南下
我的簡訊向北
溫柔的文字
在寒夜裡燃燒出取暖的亮光

二〇一三年二月二日 晚於臺灣花蓮市寓所二樓

14.《美麗的印記》

山阪水湄留下精彩的五絕和七律
土地的心跳彈唱著祖先的長短句
而每一條阡陌都在我生命的地圖上
交錯成一幅美麗的印記

二〇一三年二月一日 於富里鄉學校園老屋

第五輯　《附錄》

葉日松山水田園詩修辭之研究

蔡芳霞
（國立東華大學中國語文學系研究所碩士論文）

文學的可貴在於作家以真摯的情感與獨特的風格，力求創新與突破。葉日松努力不懈的從事文學創作與奉獻，將對土地的熱愛、田園的生活、童年的回憶及親情的眷戀，情抒於詩而言其志。本章就依葉日松詩作所展現的風格特色，分三節來討論其山水田園詩修辭的風格、特色、價值及研究者之省思。

第一節　葉日松山水田園詩修辭的風格與特色

作品通常會受作者的心性、理念及生活經驗影響，而呈現獨特自我之風格。因此，要對作品有更深的領悟，必須致力於作品內容及作家風格之研究，本節即以葉日松作品在修辭格中展現之具體風格特色，從表意修辭與優美形式分述之，尋找出詩作的真正意涵，還原箇中潛藏之思想情感，賦予其應有的價值地位；並揭開葉日松詩作中的奧秘，體會其作品的創作意旨，以闡明葉日松的詩學價值。其具體風格特色歸納分析如下

一、表意方法修辭的風格特色

分析歸類葉日松的詩作，所呈現表意方法之修辭：設問、夸飾、譬喻、轉化、映襯等，分別舉偶探析，在運用技巧上，可看出其表現詩句的精煉豐美、樸實自然，在表意過程中，能用敏銳的觸覺、充沛的情感、懷鄉的情愫，引起強烈的共鳴，凸顯意象的內在，使外在的情境獲得美感經驗，詩作的技巧及思維得以彰顯。也能讓讀者重拾逝去的童年歡笑，撫慰心中的情感，感受田園生活之樂、體會農民之辛勞……，失落的往事，或塵封已久的回憶，都能一一被觸動。葉日松在表意運用修辭技巧所表現的特色爲：

（一）設問鮮明，懸宕意涵

一篇震撼人心的作品，要能蕩氣迴腸，不應該是意隨言盡的。葉日松使用之三種設問辭格技巧，都能掌握原則、時機、方式，捕捉讀者心靈。悠遠的情意富含於詩句中，

產生推波助瀾、引人共鳴之效。詩中不論是表現懸問所欲遙寄的哀傷，或者激問所展現的隱諱，造成文章餘味；抑或提問刻畫的強烈氣勢，皆能利用懸宕曲婉的問句，寫出真實的情緒；有時首尾均用，構成前呼後應，能引起注意，加強讀者印象。這就是吳正吉所謂的：「懸宕引人、提醒注意、醞釀餘韻、強調本意、提引下文、增強語勢。」[一]

（二）夸飾窮要，妙筆生花

葉日松詩作中四種夸飾修辭，皆能結合其他辭格，產生妙筆生花的奧妙。也能掌握夸飾的要領：夸而有節，飾而不誣。在主觀方面情意能自然的流露，在客觀方面也不致誤爲事實，產生特殊的文學趣味及藝術魅力，使讀者能張開想像的翅膀，快樂的翺翔在文學的天空。因此，葉日松作品中講究的是「傳其常情，無傳其溢言」，避免「事增其實，辭溢其真」之現象。這就是黃季剛所謂：「傳難言之意，省不急之文，摹難傳之狀，得言外之情。」如此便能不以文害辭，不以辭害志。

（三）譬喻傳神，深入淺出

葉日松使用的五種譬喻修辭格，表現在類化的基礎上--利用舊經驗引起新經驗。各

一 吳正吉：《活用修辭》（高雄，復文圖書出版社，二〇〇〇年）頁六八。

種譬喻方法穿插使用，運用自如也能恰到好處，切合情境又富於聯想，讓內心思維透過具體說明，將深奧的道理淺顯化，抽象的事物具體化，概念的東西形象化，傳神的表現出活潑之意象。也能讓內斂多情的想像，適切的利用譬喻修辭，深入淺出傳達出語言豐美的意象。真正達到了譬喻的目的：以易知說明難知；以具體說明抽象。正如黃慶萱所云：「使人在恍然大悟中驚佩作者設喻之巧妙，從而產生滿足與信服的快感。」[二]

（四）轉化生動，表意流暢

葉日松作品中不論是建立在移情作用，訴諸情感的人性化修辭；或是建立在聯想作用，訴諸想像的物性化修辭；抑或建立在形象直覺，訴諸官能的形象化修辭；均能恰到其分，將所見所思寄於萬物中，賦予人的感受及情感。正是黃永武所謂：「將客觀的事物現象，經過主觀想像的改造，重現出來。或者以物擬人，或者以人擬物，將無知的事物，寄以靈性，託為有情，造成了一個心物交會的境界。」[三]

二　黃慶萱：《修辭學》（臺北，三民書局，二〇〇二年增訂三版一刷）頁三二一。

三　黃永武：《中國詩學・鑑賞篇》（臺北，巨流圖書公司，一九七六年）頁二〇六。

（五）映襯對列，賞心悅目

葉日松作品中所呈現的三種映襯技巧，不論是反襯、對襯、雙襯，都能透過修辭的運用，將人、事、物、景巧妙精練的傳達創作旨意，達到賞心悅目、左右逢源的效果，也可以形成文字的張力，營造烘托的氛圍。在詩意兩相矛盾的對立下，創造與現實相反的對立效果，形成強烈而突出的美感，達到深思與反省的文學效果。這就是蔡宗陽在映襯作用所說：「1.將真與假、善與惡、美與醜等加以比較，使真者更真，善者更善，美者更美，假者更假，惡者更惡，醜者更醜。2.對相同事物或不同事物做正反強烈對比，產生新意。3.從正反對比，使矛盾突出，讓讀者易於判斷。」[四]

二、優美形式修辭之風格特色

分析歸類葉日松的詩作，所呈現優美形式之修辭：類疊、對偶、排比、層遞等，分別舉偶探析。在修辭運用技巧上，常寄託類疊增強詩的節奏性，再以句法結構相似或相同的排比，連綴成詩句，展現了類疊與排比修辭的精粹；而對偶自然優美、層遞分明清晰。葉日松在優美形式修辭運用技巧所表現的特色為：

四 蔡宗陽：《修辭學探微》（臺北，文史哲出版社，二〇〇一年）頁一三七。

（一）類疊複遝，節奏流暢

葉日松作品中類疊詩的運用十分豐富，使用了疊字、疊句、類字和類句等四項技巧。在四種表現中，以疊字增加和諧的節奏，以疊句加強語意的聯結，以疊字句的連結反復，來產生詩句朗朗上口的音響效果，造成和諧流暢的音樂美感。以類字產生旋律的韻味，以類句突出語調的效果，以類字句的隔離反復，產生氣勢迭蕩，連綿不絕的聯結。類疊是同一元素的無盡反復，葉日松在類疊修辭上充分利用了「練習律」的學習定律，及「數大便是美」的美學原理，掌握類疊的時空，對空間之廣大，時間之延綿，恰當地運用類似的文學形式使之再現，突顯事物的重點，增添語勢的雄偉，進而造成和諧的語言節奏感。

（二）對偶工整，自然意遠

對偶的好處是：勻稱、平衡、圓滿，還有映襯作用。對偶應以工整爲第一原則，第二是要自然，第三是意遠。好的對偶應該是自自然然，當偶就偶，不當偶就不偶，上下句以意遠爲原則，看不出詩人運斤施鑿的痕跡。在葉日松的對偶詩中，大致上都具自然之妙，也能把握工對、鄰對及寬對的原則。有時候未免求工太過，在不妨礙意境的情形下，也就無須過於拘泥，因此，葉日松的作品能滿足客觀現象與主觀作用之表達，兼具自然界與美學上的對稱。

（三）排比和諧，句式整齊

黃慶萱認爲：「在語文中，排比的運用是多方面的。排比的功能，不只是使句子勁健奔騰；排比的旋律，可能是動態的、也可能是靜態的，可能是雄壯的、也可能是溫柔的。可以用來說理，可以用來記事，可以用來寫景，也可以用來抒情。」[五]分析歸納葉日松在排比修辭技巧的呈現，有句子成分的排比、單句的排比、複句的排比及段落的排比。他能掌握多樣的統一及共相的分化之原則，作品具有動靜得宜、寫景抒情之作用，能綻放出詩句和諧、整齊，氣勢張弛之效，增強詩文的感染力，達到句式整齊的氣勢美。張紅雨曾說：

> 和諧整齊就是雜多的統一、對立的統一、多樣的統一，是宇宙間一切事物的普遍規律。表現在文章上，是內容的歸類和集中，是形式的比

五　黃慶萱：《修辭學》（臺北，三民書局，二〇〇二年增訂三版一刷）頁六六五。

例相稱和協調。這樣，便給人以輕鬆、明朗、通暢的美感。這說明了排比所表現的相稱和協調之美是輕鬆明朗的，形式上不僅是外在視覺美感的整齊，更含內在視覺的統一。

（四）層遞分明，妙趣橫生

葉日松作品中運用的單式及複式層遞修辭，經常寄託於排比法的形式中，呈現等距離、有秩序的排列，以表達出層層遞進的美感，構成一種趣味橫生的文學效果，展現出生活情趣與動態，這便是層遞的妙用。一般而言，頂真法較重形式，它是詞句與詞句的緊相毗連，重在上下句的銜接，不計較意義的輕重深淺之分。而層遞法較重內容，它是意義與意義的緊相遞接，重在上下句的意義相遞，不計較文字是否關聯。層遞的作用包含：（一）脈絡清晰、（二）層次分明、（三）強化節奏感、（四）增強說服力和感染力。在葉日松的層遞詩作中，不管是單式或複式的層遞法，都可以清楚的看出脈絡，在層次中富有節奏感；尤其他用字遣詞自然平實、無矯揉造作，更增強了詩作的說服力與感染力，因而常能讓讀者產生共鳴。

（五）辭格並用，意象多元

葉日松之作品，常利用多種修辭格於一首詩中，修辭特色包融匯聚，展現辭格相生並用、兼備共通之美。例如：類疊、設問、譬喻、頂真常與排比修辭接連開展，能淋漓盡致地表達出物象多樣化的特質；有時大排比中有整齊、有變化，有統一、有參差錯落，有均衡、有對襯，有層層遞進的氣勢，長短句交互運用，靈活的錯雜間出，形成散文的美；層遞也常寄託於排比或轉化修辭中，讓意象更加鮮明，並藉此規律形式反覆陳述，作多方面地描繪刻畫。葉日松善於表達內心強烈的情感，詩作中具有多樣、簡樸不拘的形式乃其一大特色。

第二節　葉日松山水田園詩的文學價值與影響

了解葉日松的生平及文學人生，有助於了解他一生寫作的風格，更能進一步釐清其作品的內涵特色與價值。葉日松對文學充滿熱情，對台灣文學的貢獻，不僅在於創作現代詩及散文。他對於客家文化的使命感，爲所企盼的堅持理想而不屈的硬頸精神，謙卑溫和的人格風範，將永遠滋養著這片他深愛的土地。他的詩表現出樸實風格的語調，在自然輕揚的節奏中，運用修辭作爲表達情意之方法。本研究以葉日松所呈現的內容意象爲經，以修辭技巧爲緯，發覺葉日松詩所蘊藏的價值，並呈現修辭研究的新視野。本節以葉日松山水田園詩研究與修辭學研究之價值與影響論析如下：

一、葉日松山水田園詩研究的價值與影響

（一）田園抒懷，戀戀故鄉

「故鄉」是葉日松最懷念的地方，他的心永遠牽繫著故鄉。這種思鄉情懷來自於土地的眷戀。邵毅平認爲：

> 故鄉的一草一木都是從小就熟悉的，故鄉的人情風俗也都是從小就濡染的，因此，人們在故鄉感到自己是環境的主人，有一種熟悉感、親切感、安定感、安全感。……對於故鄉的熱愛，也許是人類共有的感情。[六]

六　邵毅平：《詩歌‧智慧的水珠》（台北，新潮社，二〇〇五年）頁二一七。

葉日松將土地的熱愛，透過淺顯易懂的簡練文字，展現完整而豐饒的田園書寫。他不僅對故鄉的風土人情、樸實無華的農村生活、農民的甘與苦、鄉土讚頌、山水名勝、觀光產業、文史宗教、校園風情……等，一一做精采詳盡的抒寫，來記錄生命的悲歡喜樂，也讓讀者分享他對自己故鄉土地的真實感動。葉日松在《摩里沙卡的秋天》自序中說：「我一直都以自己的生命和情愛，去熨吻這一片可愛的家園和土地。希望這平實真摯的文字，能讓本書的讀者找到真實的感動。」[七]所以在葉日松的創作中，不論是詩或散文，那源源不絕的詩意，及對「情」或是「物」處理，可以說是來自於對萬事萬物的「感懷」和對親人的「感恩」及對「故土」的眷戀，而這也正是葉日松詩作所展現的無價之處。對此林櫻蕙也寫道：

> 農家出身的詩人葉日松，用細膩觀察力寫出農夫與土地的感情故事；讀者也可從其創作取材中，感受他對農家田事的關心，以及獨特而銳利的「詩維」。[八]

七 葉日松：《摩里沙卡的秋天——詩寫花蓮》（花蓮市：花蓮縣文化局，民84）頁一。

八 林櫻蕙：〈葉日松的花蓮故鄉情〉（二〇〇九年八月二十二日發表於花蓮縣吉安鄉第一屆客家文化學術研討會）。

（二）山水寄情，婉轉達意

葉日松能在所處環境中尋求寫作及創作題材，與事物相融，傳達意念。以詩人的心眼看穿現實的本貌，把握每一個人與自然的關係，藉著欣賞大自然的美的感想和靈動，將每一寸土地、每一座山、每一片雲、每一條溪流，串成詩篇，借景抒情，從山水中體悟人生。在創作的過程中，將內心所感、所悟，寄託在所見的山水中，藉以抒發感悟之情。朱光潛曾謂：「在聚精會神的關照中，我的情趣和物的情趣往復迴流。有時物的情趣隨我的情趣而定，例如自己再歡喜時，大地、山河都隨著揚眉帶笑，自己在悲傷時，風雨、花鳥都隨著黯淡愁苦。惜別時蠟燭可以垂淚，興到時青山亦覺點頭。」[九]葉日松能以故鄉花蓮的所有景物爲題材，所有山水都能入詩，實是他詩作價值的一大特色。

（三）自然歌者，生活達人

葉日松成長於鄉野中，對於大自然景物的欣賞與觀察，有獨特敏銳之處，例如：自

九　朱光潛：《文藝心理學》（台北，大夏出版社，一九九五年）頁四〇。

然寫真的詩[十]、借景抒情的詩[十一]、旅遊隨想的詩[十二]等，都真實的呈現自然之美。對田園生活的紀實等生活的經驗，例如：生活記實的詩[十三]生活記趣的詩[十四]都融入詩中，傳達心中的感受，這種以自然真切、生活經驗為創作風格，將人生經歷呈現於現實中，成為葉日松詩可貴之處。如同楊昌年所云：

> 詩是生活的牧歌，詩人應進入社會，去充實生活經歷，在歡樂和苦難中，去體驗人生，在人生經歷中去實現理想，將理想在現實社會中所發生的情感表現於詩，才能把握人生在現實中的意義。[十五]

十　自然寫真詩：如〈語中介田野〉、〈覓詩介白鷺鷥〉、〈上夜間部介露水〉、〈迎接春天介揚葉子〉、〈油桐花著婚紗〉、〈火焰蟲〉、〈快樂介日頭〉

十一　借景抒情詩：如〈蒔田〉、〈春天來了〉、〈風佬雲空中遊〉、〈花花世界新住民——波斯菊〉、〈雨中介田野〉

十二　旅遊隨想的詩：如〈去七星潭拈石頭〉、〈放料日摎去公園料〉、〈淡水重遊〉、〈故鄉介河流〉、〈野薑花開介時節〉、〈秀姑巒溪介人生風景〉、〈在遠來山頂看夜景〉

十三　生活記實詩：如〈收冬介景象〉、〈禾仔佬農夫〉、〈坐三等火車介心情〉、如〈轉老屋就想起讀出中該三年〉、〈極樂仔〉、〈柚葉香〉、〈天頂介星仔係摎童年介玻璃珠〉、〈娘婆草〉、〈擎釣檳〉

十四　生活記趣詩：如〈拈田螺〉、〈夢中介小木屋〉、〈空襲該年〉、〈吊晃槓〉、〈一張日誌等於一張稿紙〉、〈人生像 CD〉、〈聰明介蟬仔〉、〈擎釣檳〉、〈風中介甘露〉

十五　楊昌年：《現代詩的創作與欣賞》（台北，文史哲出版社，一九九一年）頁十三。

(四)在地生活作家，撒播希望種子

葉日松是客家子弟，不但在客語詩的寫作或推動客語教學都不遺餘力，他的文學從故鄉出發，再活躍於人生的舞台及講台，對花蓮地區濃厚文藝風氣的培養，都是有貢獻的。他說過：「不為名利，不做歌星，我唱我的歌。」、「我選擇我的路是因為我知道那裡有綠洲和芳草。」「我慶幸自己走了從事教育的道路，我興奮自己能登台唱我教育的歌。」[十六]這種教育家的情懷及堅持，讓他獲得的不是名利和享受，而是發光的生命的喜悅。盡管頭上的白髮不斷增加，然而那一顆永遠年輕的心靈，正是他繼續爲青青子衿、爲花蓮文學奉獻心力的最大動力。他的成就不僅是在地生活作家，也是東部文學、區域文學、客家文學的代表。前花蓮縣長謝深山對他讚譽有加：

> 在花蓮的文學沃土上，因為有葉老師的耕耘和撒播，而處處充滿的春暖花香，花蓮的文學清流，也因為有葉老師的吟詠和朗誦，而日夜飛濺出百合般的千層浪花。十七

樹有根，才能開花結果；水有源頭，才能川流不息。人的思想意識正如樹之根，水

十六 葉日松：〈五心園丁〉《生命的唱片》（花蓮縣立文化中心，一九九三年六月）頁廿三—廿四。

十七 葉日松：〈縣長序〉《秀姑巒溪介人生風景》（花蓮：花蓮縣政府，二〇〇六年六月）頁三四。

之源，如此才能產生勇氣和力量。葉日松是那麼的勤奮耕耘、撒播種子，那麼認真的將鄉土的情感從詩中呈現出來。他在文學上的價值與影響，正如他在這片土地上撒下的希望種子，在未來的日子裡，它們會萌芽，並綻放出耀眼的光芒。

(五) 用感情品味人生，融情入意

畫家以工筆構圖，用色彩充盈畫域，描繪人生；歌者用歌聲湧出曼妙旋律，綴以歌詞，呈現人生；而葉日松以文字為工具，灌溉以巧妙地運用音韻的律動性，去鋪敘人生、表現人生、品味人生。葉日松寫的文章，究竟有何奧妙？讀他的文章時，深深的被感動、被吸引住！你知道為什麼嗎？那是因為葉日松用感情體驗人生、品味人生；用他特有的筆觸，表現真善美的世界；熱愛自然，將喜悅分享給大家。從他的作品之中，我們可以咀嚼出雋永芬芳的氣味。一首詩最可貴的就是能融情入意，若一首詩不能擁有溫暖的靈魂，那也僅是文字的排列組合罷了，葉日松的詩作的可貴即是：思想和情感的最佳注腳。所以葉日松的創作裡，處處可見人、物與情、景交織，感懷與感念相融。他曾說：

有時我會因一片落花而動容，因西天的晚霞而賦予更新的意象，當然也曾因壯麗的河山而欲振衣千仞，有情的天地有溫暖，有愛的國度就更有詩。而花草綻放，

便是希望便是生命。[十八]

二、葉日松山水田園詩呈現的修辭價值與影響

（一）辭格與情境融合，達意傳情

修辭是可以增強文句效果的藝術手法，辭格著重於語言的美化，使語言表達生動有力。詩人在寫作時將情感、思維揉入，其中辭格的運用，即是作詩時的技巧與變化。葉日松善於利用各種辭格，將詩意所欲彰顯的情境，活用語言條件，自然地表現；也透過辭格的運用，將內心所感、所思、所悟，以語言呈現在讀者眼前；將廣義或深沉的思維，透過辭格的分析，使讀者易於明白詩境的意念，在體悟與理解上，有更明確的方向，達成語言不僅可以會意，也可以言傳的要旨。這就是如第二章所述：修辭技巧最大功用在於創造優美生動的言辭，以提高語言的表達效果。

（二）清新脫俗的自然美學

「修辭學」是一門讓文辭美妙的藝術，也是一門精確而生動地表示出作者的意象，

十八　一〇〇年一月二十五日　第四次訪談葉日松老師。

以引起聽者或讀者共鳴的一種藝術。葉日松的詩作裡，處處可見他與自然的對話，情景交融的哲理思考，每首詩都像是從泥土裡生根出來的，恬淡舒適且自然貼切。像〈雨中介田野〉、〈油菜花〉、〈回故鄉看晚霞〉都是以情景交融，傳遞詩人的哲思與生命境界爲最高目標，古繼堂讚美讀葉日松的詩

> 如讀農村掛著露珠的禾苗，清亮而新鮮；讀他的詩，如讀農民用皺紋寫成的歷史，內容含蓄而深沉；讀他的詩，如讀阿里山的日出，從壯麗中漸露輝煌；讀他的詩，如讀一河灣處一隻行船，後面跟隨著一支船隊。[十九]

葉日松清麗脫俗的詩句，表現了內在深沉的情意與思維，成爲葉日松詩呈現修辭價值之最佳材料。

（三）具語言的實用性

修辭的功用是在使人對於語言文字有靈活正確的了解，在語言符號上運用技巧，要求達到最高的效果，不但使對方能夠懂，而且是要很有領會的懂。葉日松說：「不論寫

十九 古繼堂：〈故鄉的戀歌〉《四方文學周刊》（更生日報副刊，二〇〇一、三月、廿五）

詩或寫詞，我並不講究什麼手法或技巧，我只以最真摯敏銳的心靈去感受天地萬物，以最平實樸拙的筆觸去抒寫自己的情愫。」[二十]他的詩作能將情思形之於文字，呈現獨特的創作風貌，以淺白鮮明的詩句，透過修辭的運用，精確生動又達意，展現出語言的實用性，對修辭學具有深遠的影響。顏崑陽曾如此評介葉日松的詩：

> 詩的語言明朗、流暢、熟練，題材所及無非世間情事，故意象清澈、滋味溫馨，雖無超奇幽深之想，亦無晦澀難讀之弊，方可諸古典詩中之白居易。[二十一]

這意味著，好詩，不一定要難懂，但一定得真誠，才能引起對方的共鳴。葉日松也曾說過：「不寫看不懂的詩」。因此，葉日松寫詩的用字遣辭一貫樸實自然、透明清亮；貼近於大眾，也親近於土地。他不喜歡用晦澀難懂的字眼，但讀來卻雋永芬芳，又鏗鏘有韻。所以，葉日松作品的自然樸實、用詞的口語化、明朗真誠、意象優美，讓每位讀者有難以抗拒的親切感，正是他寫作價值之所在。

二十　葉日松：〈自序〉，《客語現代詩歌選》（台北市：武陵出版社，民九十年二月）頁四。

二十一　收錄於《回故鄉看晚霞》之第六輯附錄〈溫馨雋永的情與愛中〉頁一四七。

第三節　省思及建議

一、省　思

（一）未盡之處

葉日松創作一甲子，其著作多達四十餘本，作品內容相當豐富且多元。因研究者礙於題材、時間上之困難及才疏質樸，僅挑選葉日松較具山水田園代表之著作研究，未盡意之處頗多。對其他作品無法一一做深入探究，實乃不足之處，倘若以後有機會，會繼續對其他作品進行分析研究。

（二）教學相長

經過研究者對葉日松作品之探討研究後，除了增加自己對文學作品的喜愛外，對詩作之內容、意涵、優美辭令也較懂得欣賞。另外，可增進研究者在教學上之能力，較能掌握修辭之意義、重要、原則、目的，更熟練修辭技巧的運用，也提升了學生語文之能力。

（三）土地熱愛

不是非凡無法成就經典，不是經典無法成就永恆；在山的沉默海的呼嘯間，永恆都寫在洄瀾夢土中。在研究了葉日松的山水田園作品後，除了欣賞到花蓮縱谷風情之美外，也能深刻的感受到葉日松對這片土地的熱愛，進而也讓研究者深深愛上這片家園—花蓮。希望這好山好水的花蓮，永遠有寫不完的詩，讀不盡的詩。

二、建　議

（一）對教學者的建議

在語文教學中，「修辭」是相當重要的一環，教師應正視之。教學過程中，教師在自編教材或設計教學活動時，可以參閱各家修辭之專書，透過「修辭」之教學與賞析，增強學生之語文能力，使教學更具系統性。

（二）對未來研究者的建議

1.本研究之修辭格的定義、別名、分類及作用，僅參考較常見之修辭學者的看法，未來研究者或可廣納各方說法，使其完整性更高。

2. 本研究多致力於字句之修辭，較少涉及篇章修辭之探討，建議未來研究方向可擴大及深入至篇章修辭之研究。

3. 未來研究修辭學者，若能在分析出修辭方法之後，進而從文學批評的角度對作品進行整體的評析與鑑賞，或能彰顯修辭學與文學批評之相輔相成。